BEI GRIN MACHT SICH [
WISSEN BEZAHLT

- Wir veröffentlichen Ihre Hausarbeit,
  Bachelor- und Masterarbeit

- Ihr eigenes eBook und Buch -
  weltweit in allen wichtigen Shops

- Verdienen Sie an jedem Verkauf

Jetzt bei www.GRIN.com hochladen
und kostenlos publizieren

Bibliografische Information der Deutschen Nationalbibliothek:

Die Deutsche Bibliothek verzeichnet diese Publikation in der Deutschen National-
bibliografie; detaillierte bibliografische Daten sind im Internet über http://dnb.d-
nb.de/ abrufbar.

Dieses Werk sowie alle darin enthaltenen einzelnen Beiträge und Abbildungen
sind urheberrechtlich geschützt. Jede Verwertung, die nicht ausdrücklich vom
Urheberrechtsschutz zugelassen ist, bedarf der vorherigen Zustimmung des Verla-
ges. Das gilt insbesondere für Vervielfältigungen, Bearbeitungen, Übersetzungen,
Mikroverfilmungen, Auswertungen durch Datenbanken und für die Einspeicherung
und Verarbeitung in elektronische Systeme. Alle Rechte, auch die des auszugsweisen
Nachdrucks, der fotomechanischen Wiedergabe (einschließlich Mikrokopie) sowie
der Auswertung durch Datenbanken oder ähnliche Einrichtungen, vorbehalten.

Impressum:

Copyright © 2009 GRIN Verlag, Open Publishing GmbH
Druck und Bindung: Books on Demand GmbH, Norderstedt Germany
ISBN: 9783640544943

Christoph Pietsch

Wissensziele (normativ, strategisch, operativ) entlang des St. Galler Management-Modells

GRIN Verlag

GRIN - Your knowledge has value

Der GRIN Verlag publiziert seit 1998 wissenschaftliche Arbeiten von Studenten, Hochschullehrern und anderen Akademikern als eBook und gedrucktes Buch. Die Verlagswebsite www.grin.com ist die ideale Plattform zur Veröffentlichung von Hausarbeiten, Abschlussarbeiten, wissenschaftlichen Aufsätzen, Dissertationen und Fachbüchern.

Besuchen Sie uns im Internet:

http://www.grin.com/

http://www.facebook.com/grincom

http://www.twitter.com/grin_com

Universität Potsdam

Wirtschafts- und Sozialwissenschaftliche Fakultät der Universität Potsdam

Lehrstuhl für Wirtschaftsinformatik und Electronic Government

Wissensziele (normativ, strate- gisch, operativ) entlang des St. Galler Management-Modells

Hausarbeit zum Hauptseminar

Wissensbilanzierung – Wissenskapital als Instrument der strategischen Unternehmensführung

im Sommersemester 2009

eingereicht von:

Christoph Pietsch   10. Semester Verwaltungswissenschaft (Diplom)

Inhaltsverzeichnis

Abkürzungsverzeichnis

3M	=	Minnesota Mining and Manufacturing AG
BMI	=	Bundesministerium des Inneren
CKO	=	Chief Knowledge Manager
IT	=	Informationstechnologie

Abbildungsverzeichnis

„Als wir das Joint Venture mit unserer Partnerfirma eingegangen sind, dachten wir eigentlich an eine gemeinsame Produktentwicklung. Wie sich später herausstellte, haben wir dabei die Motive unseres Partners völlig falsch eingeschätzt. Denen ging es eigentlich nur um den Zugang zu unseren Marktkenntnissen. Ein Produkt hatten sie schon in der Hinterhand und haben dementsprechend wenig Energie in unsere gemeinsamen Entwicklungsaktivitäten gesteckt. Welches Wissen wir von ihnen gewinnen könnten, darüber hatten wir uns keine Gedanken gemacht."

(Leitende Führungskraft eines High-Tech-Joint Ventures)[1]

1 Einleitung

Wettbewerbsvorteile in Unternehmen können in der heutigen Wissensgesellschaft nur noch über ein ausgeprägtes Management der Ressourcen Wissen erzielt werden.[2] Auch unter Betrachtung der Tatsache, dass die klassischen Produktionsfaktoren Arbeit, Kapital und Boden sehr stark ausgereizt zu sein scheinen, bieten sich hier wenige Möglichkeiten für weitere Entwicklungsschübe.[3] Den althergebrachten Produktionsfaktoren gegenüber scheint das Wissensmanagement seine Zukunft noch vor sich zu haben, denn Wissen ist die Ressource im Unternehmen, die nicht durch ihren Gebrauch abgenutzt, sondern im Gegenteil noch vermehrt wird.[4]

Dabei liegt das Ziel des Wissensmanagements in der Erhöhung der Effizienz, der Effektivität und der Qualität von Prozessen und Strukturen und somit in der Verbesserung des Marktwertes durch Wissen.[5] Innovative Firmen gründen Wissensmanagement-Arbeitsgruppen, Vorstandsvorsitzende betonen die besondere Rolle des Faktors Wissen für die Unternehmenszukunft, professionelle Veranstalter organisieren Workshops sowie Konferenzen zum Thema und auch die zahlreichen Unternehmensberatungen versprechen mittlerweile Unterstützung im Umgang mit der Ressource Wissen.[6] Es stellt sich die Frage, ob Unternehmen, die kein gezieltes Wissensmanagement betreiben, zum Untergang verurteilt sind?

Nicht von der Hand zu weisen ist, dass ein Großteil wissensintensiver Unternehmen in den vergangenen Jahren eindrucksvolle Erfolge erzielt haben. Ihre Börsenwerte spiegeln diesen Trend wider. Im Hinblick auf seine Marktkapitalisierung[7] in

---

[1] Probst/Raub/Romhardt 2006, S. 37.
[2] Vgl. Alex/Becker/Stratmann 2002, S. 1.
[3] Vgl. Recklies 2001, S. 2.
[4] Vgl. ebd., S. 2.
[5] Vgl. Alex/Becker/Stratmann 2002, S. 1.
[6] Vgl. Probst/Raub/Romhardt 2006, S. 38.
[7] Wert aller Aktien-Anteile zum aktuellen Kurs.

Höhe von ca. 170 Milliarden US-Dollar[8] stellt der Softwarekonzern Microsoft Industrieriesen wie Boing oder General Motors mittlerweile in den Schatten.

Je wissensintensiver das Unternehmensumfeld und je ausgeprägter die eigene Wissensbasis, desto eher können spezifische Fähigkeiten eines Unternehmens eine strategische Eigendynamik entfalten. Bereits vorhandenes Wissen kann in vielen Fällen zu neuen und überraschenden strategischen Optionen führen, wie das Beispiel des amerikanischen Traktorherstellers Massey-Ferguson zeigt.[9]

Massey-Ferguson stattete seine Erntemaschine mit einem Satelliten-Positionierungssystem aus, durch das möglich wird, Ernteerträge quadratmetergenau zu erfassen. Die getroffenen Maßnahmen zur Ertragssteigerung können im Anschluss gezielter und wesentlich kostengünstiger erfolgen, als zuvor. Der Erfolg dieser ursprünglich als Nebenprodukt betrachteten Komponente des Kernproduktes Traktor veranlasste das Unternehmen, die systematische Entwicklung von Kompetenzen im Bereich des Ertragsmanagements (sog. yield management) weiter voranzutreiben.[10]

Das Beispiel macht deutlich, wie wichtig ein professionelles Management der Ressource Wissen ist. Vielfach wird bei der Konzeption eines konzernweiten Wissensmanagements der Faktor der konkreten Wissensziele vernachlässigt.

Welches Wissen ist heute für Ihren Geschäftserfolg entscheidend und wird es morgen das gleiche sein? Kompetenzen müssen systematisch entwickelt und gepflegt werden. Was Unternehmen tun müssen, damit es sich für den Einzelnen lohnt, gezielt Wissen aufzubauen, die eigenen Fähigkeiten zu verbessern und das neue Wissen an die Organisation zurückzugeben? Die Zielstellung der vorliegenden Arbeit liegt darin zu zeigen, wie allgemeine Unternehmensziele in normative, strategische und operative Wissensziele übersetzt werden können, welche Funktionen sie übernehmen und inwiefern sie miteinander verbunden sind.

1.1 Anlage der Arbeit

Nachdem im ersten Kapitel eine thematische Einleitung vorgenommen wurde, sollen im zweiten Kapitel die zentralen Begriffe Wissen, Wissensmanagement in Verbindung mit Strategie sowie Wissensziele definiert werden. Im anschließenden dritten Kapitel wird herausgearbeitet welche Aufgabe das Baustein-Modell nach

---

[8] Angaben vom 01. Januar 2009.
[9] Vgl. Schmitz/Zucker 1996.
[10] Vgl. Davis/Botkin 1994.

Probst/Raub/Romhardt übernimmt. Das folgende vierte Kapitel schafft zuerst einen kurzen Überblick über das Thema Wissensziele und widmet sich daraufhin den normativen, strategischen und operativen Wissenszielen in Anlehnung an das St. Galler Management-Modell. Kapitel fünf hat die Aufgabe, einen Überblick über die Probleme bei der Formulierung von Wissenszielen zu geben. Im sechsten Kapitel wird anhand des international agierenden Unternehmens 3M deutlich, wie das Führen über Wissensziele erfolgreich in die Praxis implementiert werden kann. Kapitel sieben schließt mit dem Fazit.

2 Theoretischer Bezugsrahmen

Um einen verständlichen Einstieg in das Thema Wissensziele zu gewährleisten, werden in diesem Kapitel die für die vorliegende Arbeit grundlegenden Begriffe Wissen, Wissensmanagement in Verbindung mit Strategie sowie der „Baustein" Wissensziele definiert und näher erläutert..

2.1 Wissen

Die Entwicklung des Wissens beginnt mit dem Begriff Zeichen, das als „das kleinste bei einer Programmausführung zugreifbare Datenelement"[11] definiert werden kann. Ein Zeichen kann aus einem Buchstaben, einer Ziffer oder einem Sonderzeichen bestehen. Wenn Zeichen eine Syntax zugeordnet wird, werden aus Zeichen Daten. Daten können einerseits aus einzelnen Zeichen oder andererseits aus einer Folge von Zeichen bestehen, die in einem sinnvollen Zusammenhang stehen, aber noch keinen Verwendungshinweis haben.[12] Sofern Daten ein Kontext zugeordnet wird und sie für die Verfolgung eines Zieles verwendet werden, werden aus ihnen Informationen.[13] Aufgrund ihrer steigenden betrieblichen Relevanz erfahren Informationen eine Aufwertung zum Produktions- und Wettbewerbsfaktor und gelten in den Unternehmen teilweise sogar als der wichtigste Produktionsfaktor.[14] Wissen wird ein beträchtlicher Wissenszuwachs vorhergesagt. Einige Experten sprechen von einer Verdopplung der Summe des menschlichen Wissens alle drei Jahre[15], andere von

---

[11] Vgl. Hansen 1996, S. 479.
[12] Vgl. Gehle 2005, S. 23.
[13] Vgl. Abts/Mülder 1998, S. 220.
[14] Vgl. Abts/Mülder 1998, S. 248.
[15] Vgl. Meyer 1999, S. 16.

3

einer jährlichen Verdopplung[16] oder gar von einem exponentiellen Wissenszuwachs[17].

Durch eine sinnvolle Organisation von Wissensressourcen sollen nach North die folgenden Vorteile erzielbar sein[18]:

- Wissen über Kunden verbessert die Kundenbindung und steigert die Mitarbeiterzufriedenheit[19],

- Wissen über Mitbewerber und innovative Unternehmen ermöglicht externes Benchmarking,

- Wissen über Prozesse und Best Practices führen zu Produktivitätssteigerungen sowie besserer Qualität, gleichzeitig helfen sie Projektrisiken zu mindern (internes Benchmarking) und

- Transparenz in der Darstellung des Wissenskapitals steigert die Unternehmensattraktivität für Investoren und andere Stakeholder.

Zum besseren Verständnis ist es unerlässlich, eine Differenzierung des Terminus Wissen durchzuführen. Für diesen interdisziplinären Begriff hat sich bislang keine einheitliche Auslegung durchgesetzt.[20] Die bisherigen Ausführungen spiegeln sich in der Wissensdefinition von Probst/Raub/Romhardt wider, die als Definition für diese Arbeit verwendet werden soll: „Wissen bezeichnet die Gesamtheit der Kenntnisse und Fähigkeiten, die Individuen zur Lösung von Problemen einsetzen. Dies umfasst sowohl theoretische Erkenntnisse als auch praktische Alltagsregeln und Handlungsanweisungen. Wissen stützt sich dabei auf Daten und Informationen, ist im Gegensatz zu diesen jedoch immer an Personen gebunden [...]."[21]

2.2 Wissensmanagement und Strategie

In der Unternehmenspraxis hat die Erkenntnis, dass ein Vorsprung bei wirtschaftlich relevantem Wissen den zentralen Wettbewerbsvorteil der Zukunft darstellt, inzwischen breite Anerkennung gefunden. Nahezu alle Unternehmen sind sich heute der Bedeutung des Themas bewusst und planen in den nächsten Jahren die Imple-

---

[16] Vgl. BMW 1999, S. 2.
[17] Vgl. Schmiedel-Blumenthal 2001, S. 4.
[18] Vgl. North 1999, S. 2.
[19] Vgl. Heskett et al. 1994, S. 50ff.
[20] Vgl. Nonaka/Takeuchi 1997, S. 70.
[21] Probst/Raub/Romhardt 2006, S. 22.

mentierung von Instrumenten und Technologien zur Erschließung und Bewirtschaftung der Ressource Wissen.[22]

Nach Albrecht[23] entstammt der Begriff des Wissensmanagements dem Begriff des „Knowledge Managements" von Hertz[24] aus dem Jahr 1988, der den Begriff erstmals verwandte. In der deutschsprachigen Literatur wird die Begrifflichkeit Wissensmanagement erstmals von Kleinhans 1989 und Fohmann 1990 verwendet.[25]

Wissensmanagement in Unternehmen wird als Managementkonzept[26] und Führungskonstrukt[27] verstanden, welches „humanorientierte, organisatorische, prozessuale und (informations-)technische Methoden und Mittel instrumentell einsetzt, um Prozesse des Wissenstransfers, der Wissensgenerierung und der Wissensanwendung im Sinn der übergeordneten Unternehmensziele kontextorientiert und optimal zu organisieren".[28] Wissensmanagement kommt demnach nur in solchen Projekten und Arbeitsschritten zum Einsatz, in denen der Ressource Wissen eine entscheidende Rolle zur Erreichung von Projektzielen und Arbeitsergebnissen zuzuordnen ist.[29]

2.3 Wissensziele

Der Prozess des Wissensmanagements beginnt mit der Definition von Wissenszielen, die sich aus den Unternehmenszielen ableiten.[30] Wissensziele steuern die Aktivitäten des Wissensmanagements, um bestehende und entstehende Bedürfnisse an Wissen zu erfüllen, vorhandenes Wissen optimal zu nutzen und in neue Produkte, Prozesse und Geschäftsfelder umzusetzen.[31] Wissensziele stellen Vorgaben für die Umsetzung der Maßnahmen und Eingriffe des Wissensmanagements dar. Der Formulierung der Wissensziele kommt dabei einer sehr wichtige Bedeutung zugute: Probleme entstehen in den meisten Fällen bei der Identifikation von Wissenslücken, der Kompetenz zu beurteilen und das relevante und anzustrebende Wissen einer Organisation einzuschätzen.[32]

---

[22] Vgl. Bullinger/Wörner et al. 1997, S. 16.
[23] Vgl. Albrecht 1992, S. 94.
[24] Vgl. Hertz 1988, S. 114.
[25] Vgl. Kleinhans 1989, S. 26. Vgl. Fohmann 1990, S. 8.
[26] Vgl. Albrecht 1992, S. 97f.
[27] Vgl. Schmiedel-Blumenthal 2000, S. 90.
[28] Gehle 2005, S. 46.
[29] Vgl. Gehle 2005, S. 46.
[30] Vgl. Bodendorf 2006, S. 134.
[31] Vgl. Bodendorf 2006, S. 134.
[32] Vgl. Romhardt 1998, S. 95f.

Nach Probst/Raub/Romhardt sollten Wissensziele die folgenden Funktionen erfüllen: Entscheidungs-, Koordinations-, Motivations- und Kontrollfunktion. Im Falle der Entscheidungsfunktion werden alternative Maßnahmen einander gegenübergestellt und miteinander verglichen. Die Koordinationsfunktion betrifft die Abstimmung zwischen Zielen[33] und deren Interessenausgleich. Die Motivationsfunktion ist mit den beiden vorgenannten Funktionen eng verknüpft und versucht das Engagement aller Beteiligten für die gemeinschaftlichen Ziele zufördern. Der Kontrollfunktion kommt die Aufgabe zu, Fortschritte zu messen und zu bewerten, die anhand eindeutig definierter Ziele verfolgt werden können.[34]

3 Der Baustein-Ansatz nach Probst/Raub/Romhardt

Eine ganzheitliche Sicht auf das Thema Wissensmanagement verfolgen mehrere theoretische Ansatze. Einen aus der Praxis abgeleiteten Ansatz verfolgen Probst/Raub/Romhardt[35], die verschiedene Bausteine des Wissensmanagements identifiziert und in einem Managementkreislauf zusammengefasst haben. Anhand dieses management-orientierten Konzepts werden die zahlreichen Einzelaufgaben einer wissensorientierten Unternehmensführung übersichtlich operationalisiert. Die Autoren selbst verstehen ihr Baustein-Modell als ein integriertes Interventionskonzept.

Der Baustein-Ansatz entstammt einer Gruppe führender Unternehmen (Schweizer Bankverein, Schweizer Telecom PTT, DG Bank, DaimlerChrysler AG Forschung Gesellschaft und Technik, Arthur Andersen, Bertelsmann, ABB Consulting AG und Skandia), die 1995 in der Schweiz das „Forum für organisationales Lernen und Wissensmanagement" gegründet haben. Deren Anliegen war es, durch den Austausch von Ideen und ein systematisches Benchmarking die als höchst relevant eingeschätzte Thematik aufzugreifen und in die Praxis umzusetzen.[36] Die große Praxisnähe des Modells führte zu einer breiten Anerkennung und vor allem im deutschsprachigen Europa erlangte es Quasi-Standard.

Das integrative Konzept, das in erster Linie als Analyserahmen und Denkmodell dient[37], soll an konkrete Fragestellungen ankoppeln und somit den Implementie-

---

[33] Ziele dienen als Basis für ein gemeinsames Verständnis und Handeln.
[34] Vgl. Probst/Raub/Romhardt 2006, S. 94.
[35] Vgl. ebd.
[36] Vgl. North 1999, S. 167.
[37] Vgl. Bendt 2000, S. 37.

rungserfolg erhöhen. Im Vergleich zu anderen Konzepten ist die Integration der Bausteine in einem umfassenden Managementprozess neu, der „ausgehend von den Wissenszielen bis hin zur Bewertung der Zielerreichung definiert ist"[38]. Das Modell teilt sich in einen strategischen (Zielsetzung, Umsetzung, Bewertung) sowie einen operativen Kreislauf.[39] Die Umsetzung der Ziele erfolgt im einem inneren Kreislauf. In diesem befinden sich die sechs Kernprozesse Wissensidentifikation, Wissenserwerb, Wissensentwicklung, Wissensverteilung, Wissensnutzung und Wissensbewahrung (Abbildung 1).[40]

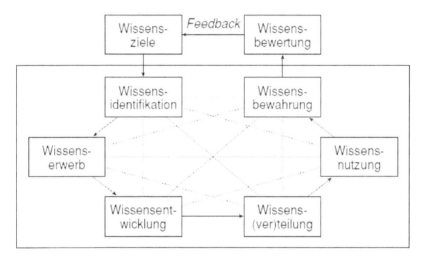

Abbildung 1: Bausteine des Wissensmanagements[41]

Die gestrichelten Verbindungslinien zwischen den Elementen weisen darauf hin, dass die jeweiligen Prozesse nicht linear ablaufen und nicht alle Bausteine zum Einsatz kommen müssen. Die sechs Kernprozesse ermöglichen hierbei Interventionsmöglichkeiten. Zudem bieten sich Interventionsmöglichkeiten auf der Ebene des Individuums, der Gruppe und der Gesamtorganisation, „sodass Wissensmanagement eine Brückenfunktion zwischen diesen Elementen ausübt und die verschiedensten Funktions- und Hierarchiebereiche unter einer einheitlichen Interventionsstrategie vereinen kann".

---

[38] Vgl. Gehle 2005, S. 48.
[39] Vgl. Gehle/Mülder 2001, S. 35.
[40] Vgl. Gehle 2005, S. 48.
[41] Vgl. Probst/Raub/Romhardt 2006, S. 32.

Im äußeren Kreislauf, dem eigentlichen Managementkreislauf, werden die Bausteine Wissensziele und Wissensbewertung als strategische Steuerungsaufgaben angesiedelt. Hier beginnt der Wissensmanagementprozess.[42] Im Folgenden werde ich nicht detailliert auf die einzelnen Bausteine eingehen, sondern mich auf das für diese Arbeit wesentliche Element im Management-Kreislauf, den Wissenszielen, konzentrieren.

3.1 Wissensziele als strategischer „Baustein"

Der Baustein Wissensziele stellt neben der Wissensbewertung einen weiteren Baustein der strategischen Ebene dar. Durch Wissensziele bekommen die Interventionen in den einzelnen Bausteinen eine Richtung.[43] Laut herrschender Meinung müssen die Wissens- den Unternehmenszielen[44] angepasst werden. Nach Romhardt stellen Wissensziele eine Sonderkategorie von klassischen Unternehmenszielen dar und ergänzen diese..

Wissensziele geben Eingriffe vor, wie die organisatorische Wissensbasis erweitert werden soll. Sie stehen zudem den Planungsaktivitäten der Organisation zur Seite und ergänzen diese. Auf der einen Seite wird dadurch die Anschlussfähigkeit erhöht, andererseits werden Widerstände der Anschlussgruppen traditioneller Ressourcen reduziert.[45]

Auf die unterschiedlichen Ebenen der Wissensziele soll im folgenden vierten Kapitel eingegangen werden. Bei den Wissenszielen wird zwischen Zielen normativer, strategischer und operativer Art unterschieden.

4 Wissensziele entlang des St. Galler Management-Modells

Die unternehmerischen Wissensziele müssen mit der strategischen Integration der Perspektiven von Wissenszielen beginnen. Wissensziele haben sich dabei als eine strategische Konstante in der Unternehmensentwicklung erwiesen. Sollen die strategischen Ziele ihre volle Wirkung entfalten, müssen sie in den passenden Unternehmenskontext eingebettet und durch eine konsequente operative Zielsetzung un-

---

[42] Vgl. Gehle 2005, S. 49.
[43] Vgl. Probst/Raub/Romhardt 2006, S. 55.
[44] Unter Unternehmenszielen werden die von einer Organisation oder ihren Mitgliedern formulierten Ideen über erwünschte zukünftige Zustände verstanden.
[45] Vgl. Romhardt 1998, S. 117.

terstützt werden.[46] Dabei gilt es, im Rahmen des Wissensmanagements die Strukturen, Aktivitäten und die Verhaltensweisen mit Leben zu füllen. In Abbildung 2 werden die drei Ebenen strategische, normative und operative Wissensziele – in Anlehnung an das St. Galler Management-Modell – verdeutlicht.

	Strukturen	Aktivitäten	Verhalten
Normatives Management	*Unternehmensverfassung:* Rechtliche Strukturen, Auswirkungen auf WM (Geheimhaltung)	*Unternehmenspolitik:* Wissensleitbild Identifikation von kritischen Wissensleitbildern	*Unternehmenskultur:* Wissensteilung erwunscht Innovationsgeist Kommunikationsintensität
Strategisches Management	*Organisationsstrukturen:* Konferenzen, Berichtswege, F&E-Organisation, Erfahrungszirkel *Managementsysteme:* EIS, Lotus-Notes, MS Exchange	*Programme:* Kooperation Aufbau von Kernkompetenzen Informatisierung	*Problemverhalten:* Orientierung an Wissenszielen Problemorientierte Wissensidentifizierung
Operatives Management	*Organisatorische Prozesse* Steuerung von Wissensflüssen *Dispositionsprozesse:* Wissensinfrastruktur Wissensbereitstellung	*Aufträge:* Wissensprojekte Aufbau Expertendatenbank CBT'-Einführung	*Leistungs- und Kooperationsverhalten:* Wissensteilung Knowledge in action

Abbildung 2: Wissensziele entlang des St. Galler Management-Modells[47]

Im nächsten Teil dieses Kapitels wird zuerst ein Überblick über die drei Arten von Wissenszielen gegeben, bevor im Anschluss die Nutzenpotenziale sowie Möglichkeiten zur Formulierung von Wissenszielen differenziert nach den drei beschriebenen Ebenen der normativen Wissensziele (4.2), der strategischen Wissensziele (4.3) sowie der operativen Wissensziele (4.4) erläutert werden.

---

[46] Recklies 2001, S. 2f.
[47] Recklies 2001, S. 3.

4.1 Arten von Wissenszielen

Wie bereits im dritten Kapitel im Rahmen der Bausteine des Wissensmanagements beschrieben, lassen sich Wissensziele normativer, strategischer und operativer Art unterscheiden. Die Differenzierungskriterien sind dabei jeweils die Zielsetzung, die strategische Bedeutung und der Zeithorizont der Entscheidungen.[48]

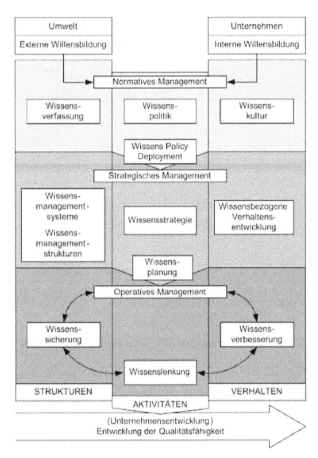

Abbildung 3: Verankerung des Wissensmanagements im St. Galler Management-Modell[49]

---

[48] Vgl. Amelingmeyer 2002, S. 34.
[49] Girmscheid 2006, S. 860.

Zielstellung des Bausteins „Wissensziele" ist die Überführung der allgemein formulierten Organisationsziele in normative, strategische und operative Wissensziele. Die Kategorisierung in normative, strategische und operative Ziele wird nach Probst/Raub/Romhardt in Anlehnung an das St. Galler Management-Modell vorgenommen.[50] Hier ist anzumerken, dass die Unterteilung in die drei Ebenen nicht klar abgrenzbar ist. Die Wissensziele auf den unterschiedlichen Ebenen stehen nicht nebeneinander, sondern berühren auch die anderen Ebenen, wie aus Abbildung 3 hervor geht.[51] Im Idealfall greifen die Wissensziele auf den drei Ebenen harmonisch ineinander und tragen zusammen zur Umsetzung der jeweiligen Ziele des Unternehmens bei.

4.2 Normative Wissensziele

Auf der obersten – der normativen – Ebene des Wissensmanagements werden übergeordnete Fragen, die keinen direkten Bezug zu konkreten Wissensinhalten besitzen, behandelt. Normative Wissensziele haben die Aufgabe, Werte zu setzen und eine wissensbewusste und wissensfreundliche Unternehmenskultur zu schaffen.[52] Zentraler Bestandteil ist es, unternehmenspolitische und unternehmenskulturelle Aspekte zu betrachten.[53]

Normative Wissensziele treffen Aussagen über die strategische Ausrichtung der Geschäftsprozesse, Leitbilder und Visionen.[54] Dadurch wird ein Leitbildes entwickelt, das Problembewusstsein aktiviert sowie die Verbindlichkeit von Normen und die Kommunikation erleichtern soll. Das Wissensleitbild gibt Antwort über Visionen und Ideale, denen sich das Unternehmen im Hinblick auf die Bedeutung und dem allgemeinen Umgang mit Wissen verpflichtet fühlt. Die Ideologie, dass Wissen eine zentrale Größe für den Unternehmenserfolg darstellt, ist die wichtigste Bedingung für ein an Wissenszielen ausgerichtetes Management.[55] Leitbilder können als eine Anleitung für das Mitarbeiterverhalten einer Organisation angesehen werden. Normative Ziele ermöglichen eine Veränderung der Kommunikation im Unternehmen oder die Bereitschaft zur Akzeptanz von Fehlern bei innovativem Verhalten sein.

---

[50] Vgl. Amelingmeyer 2002, S. 35.
[51] Vgl. Amelingmeyer 2002, S. 35.
[52] Vgl. Jost/Realini/Zürcher.
[53] Vgl. Amelingmeyer 2002, S. 164.
[54] Vgl. Risterucci 2001, S. 18.
[55] Vgl. Andersen 1995, S. 2.

Zum Aufgabenbereich des Leitbildes gehört weiterhin die Förderung von Wissensaspekten bei allen strategischen und operativen Entscheidungen.[56] Beispiele für Wissensziele auf der normativen Ebene können „die Verwirklichung von Lernprozessen oder der Umgang mit Erfahrungen und Wissen aus Projekten sein"[57]. Die normativen Wissensziele dienen, wie im zweiten Kapitel bereits erwähnt, der Erfüllung der Entscheidungs- und Koordinationsfunktion.[58]

Normative Wissensziele bilden zudem die Voraussetzung für wissensorientierte Ziele im strategischen und operativen Bereich, sie richten sich auf eine wissensbewusste Unternehmenskultur und bedürfen dem Einsatz und der Überzeugung des Top-Managements.[59] Durch Einführung normativer Wissensziele wird die Notwendigkeit zum aktiven Kulturmanagement – leider nur auf oberster Managementebene – angedeutet und thematisch behandelt.[60]

Der multinationale 3M, auf den im sechsten Kapitel noch näher eingegangen wird, erkannte, dass Innovationseffizienz in besonderem Maße auch eine Frage der Unternehmenskultur ist. Das Innovationsmanagement von 3M setzt auf eine Politik des Vertrauens, der Offenheit sowie der Fehlertoleranz. Damit sollen Mitarbeiter zum Ausschöpfen von Freiräumen und zum Ausprobieren von Neuem ermutigt werden. Jeder Mitarbeiter hat bei 3M das Recht, 15 Prozent seiner Arbeitszeit auf Projekte außerhalb seines eigentlichen Aufgabengebietes zu verwenden.[61]

4.3 Strategische Wissensziele

Strategische Wissensziele sind zeitlich und langfristig ausgerichtete Ziele, die die zukünftige Ausrichtung eines Unternehmens beeinflussen.[62] Sie dienen der Festlegung und Strukturierung des organisationalen Kernwissens sowie damit der Beschreibung des zukünftigen Kompetenzbedarfs des Unternehmens.[63] Außerdem erweitern die strategischen Wissensziele die üblichen strategischen Ziele des Unternehmens, indem sie den aktuellen und zukünftigen Wissensbedarf und die Grundzüge der Umsetzung vorgeben. Das schließt zum Beispiel die Definition wichtiger Wis-

---

[56] Vgl. Probst/Raub/Romhardt 2006, S. 73.
[57] Bauer 2004, S. 15.
[58] Vgl. Probst/Raub/Romhardt 2006, S. 94.
[59] Vgl. Jost/Realini/Zürcher,
[60] Vgl. Gehle 2005, S. 59.
[61] Vgl. Uhl 1993, S. 221ff.
[62] Vgl. Bodendorf 2006, S. 134.
[63] Vgl. Bodendorf 2006, S. 134.

sensbereiche oder die Entscheidung zur Einrichtung einer neuen, für Wissensmanagement zuständigen, Instanz ein.[64]

Auf der strategischen Ebene beziehen sich die Wissensziele beispielsweise auf die Entwicklung, Nutzung und Sicherung bestimmter Kernkompetenzen oder aber auf den Einstieg in neue technologische Geschäftsfelder. Strategische Wissensziele können den Aufbau einer Wissensbasis basierend auf abgeschlossenen Projekten und den Umgang mit neuen Werkzeugen und Konzepten darstellen. Nach Probst/Raub/Romhardt erfüllen sie zwei Funktionen. Einerseits sichern sie auf der Basis einer bestehenden Strategie deren Umsetzbarkeit aus Wissenssicht. Andererseits können sie als eigenständige Zielformulierung neu strategische Optionen generieren. Hierbei kann das Benchmarking mit anderen Unternehmen aus dem gleichen Sektor wertvolle Hinweise auf Wissensziele geben.[65] Dadurch können Ziele formuliert werden, die einen systematischen Wissensaufbau über die Wettbewerber ermöglichen (beispielsweise welche Technologien Wettbewerber einsetzen und durch welche sich Unternehmen einen Wettbewerbsvorteil verschaffen).

Strategische Wissensziele verwirklichen genauso wie normative Wissensziele die Entscheidungs- und Koordinationsfunktion. Sie stellen die Verbindung zwischen normativen und operativen Wissenszielen her.

Am Beispiel von 3M lässt sich wiederum sehr gut zeigen, wie durch konsequente Investitionen in Basistechnologien sowie durch Technologiekombination und den Einsatz von Produktanalogien im Entwicklungsbereich eine bewusst wissensorientierte Strategie umgesetzt werden kann. Die auf den ersten Blick zusammenhangslose Palette der vielen Produkte von 3M weist eine erstaunliche Kohärenz auf, wenn man das den Produkten zugrunde liegende Wissen als Maßstab wählt.

4.4 Operative Wissensziele

Wissensziele auf der operativen Ebene des Wissensmanagements berühren kurzfristig wirksame wissensrelevante Entscheidungen, die zur Erfüllung der täglich anfallenden Aktivitäten innerhalb einzelner Unternehmensabteilungen und Projekte beitragen.[66] Hierzu zählen unter anderem die Gewährleistung der Verfügbarkeit aller intern erzeugten Dokumente des Unternehmens.

---

[64] Vgl. Heilmann 1999, S. 10.
[65] Vgl. Probst/Raub/Romhardt 2006, S. 76.
[66] Vgl. Amelingmeyer 2002, S. 35.

Zentrale Aufgabe operativer Wissensziele ist es, die normativen und strategischen Wissensziele in konkrete Teilziele zu übersetzen[67] und diese messbar zu machen[68]. Operative Wissensziele geben somit die Auswahl sowie die Richtung der jeweiligen Wissensbausteine des operativen Zyklus vor.[69] Im Bereich von Softwareunternehmen können die Teilziele beispielsweise verschiedene Programmpakete oder Komponenten sein.[70]

Die Umsetzung strategischer Wissensziele in operative Wissensziele kann nach Probst/Raub/Romhardt in drei Schritten erfolgen[71]: Im ersten Prozessschritt müssen den strategischen Wissenszielen Zielgruppen und Zeithorizonte zugeordnet werden. Bei der Realisierung von strategischen Wissenszielen sind meist diverse Abteilungen involviert.[72] In einem zweiten Schritt sind diese Wissensziele mit den anderen formulierten operativen Unternehmenszielen abzugleichen. Im dritten Schritt werden die für einen bestimmten Unternehmensbereich formulierten operativen Wissensziele auf einzelne Abteilungen, Projekte, Arbeitsgruppen und Personen verteilt. Alle genannten Aufgabenträger haben einen wesentlichen Anteil zur Erreichung der strategischen Wissensziele des gesamten Unternehmens.

Operative Ziele besitzen einen unmittelbaren Bezug zur Umsetzung der festgelegten Wissensziele und sie erfüllen die Motivations- und Kontrollfunktion.

5 Hindernisse bei der Formulierung von Wissenszielen

Das Formulieren von Wissenszielen gehört zu den Managementaufgaben und bringt diverse Schwierigkeiten mit sich. Das größte Problem liegt in der Definition konkreter Ziele, die über alle Unternehmensbereiche verständlich formuliert sind. Bei der Mehrzahl der Fälle gerät bereits die Definition der Wissensziele auf der normativen Ebene ins Stocken, weshalb allgemein keine operative Empfehlung zu deren Umsetzung gegeben wird.[73] Bei der Definition von Wissenszielen wirken Machtbedürfnis, Versagensangst und die Scheu vor Verantwortung als hemmende Faktoren mit ein.[74]

---

[67] Vgl. Jost/Realini/Zürcher.
[68] Vgl. Heilmann 1999, S. 10f.
[69] Vgl. Gehle 2005, S. 49.
[70] Vgl. Bauer 2004, S. 16.
[71] Vgl. Probst/Raub/Romhardt 2006, S. 86.
[72] Vgl. Oelsnitz/Hahmann 2003, S. 112f.
[73] Vgl. Bauer 2004, S. 17.
[74] Vgl. Risterucci 2001, S. 19.

In Verknüpfung mit der Formulierung von Zielen nennen Probst/Raub/Romhardt die Ursachen für Probleme bei der Formulierung von Wissenszielen[75]: Fehlen einer gemeinsamen Sprache, Mangel an Instrumenten, Problem der Quantifizierung, Phänomen der operativen Tätigkeit und Einfluss des Machtaspekts. Auf diese fünf Probleme soll im Folgenden näher eingegangen werden.

5.1 Fehlen einer gemeinsamen Sprache

Allgemein werden Ziele und damit auch Unternehmensziele in Form von Worten und Begriffen beschrieben. Es ist aber nicht davon auszugehen, dass die zumeist vom Top-Management ausgearbeiteten und eingebrachten Ziele für alle Mitarbeiter in verständlicher Art und Weise vorliegen.[76] Ursache ist in vielen Fällen das Fehlen einer gemeinsamen Sprache. Im Gegensatz zu anderen Managementbereichen wie Finanzen oder Logistik, die über ein detailliertes Vokabular zur Gegenstandsbeschreibung verfügen, besitzen Wissensmanager bis dato nur wenige gemeinsame Begriffe. Das hat zur Folge, dass bei der Formulierung von Wissenszielen vielfach „zunächst eine grundlegende Verständigung über Grundbegriffe wie Daten, Information, Fähigkeiten, Kompetenzen oder Wissen"[77] stattfinden muss. Ein regelmäßiger Umgang mit auf Wissen bezogenen Fragestellungen scheint eine Lösung für dieses Problem zu bieten, wodurch es langfristig zur Ausbildung einer verbindlichen Sprache kommt.

5.2 Mangel an Instrumenten

Mit einer fehlenden einheitlichen Sprachregelung geht ein Mangel an ausgereiften Instrumenten einher, der umso deutlicher wird, je konkreter die Ziele formuliert werden. Auf normativer und strategischer Ebene gelingt es, verhältnismäßig globale Kompetenzziele zu formulieren. Indessen „bereitet die detaillierte Formulierung von Wissenszielen auf nachgelagerten Ebenen zunehmend Probleme"[78]. Die hierfür erforderlichen Werkzeuge sind noch wenig ausgereift und relativ unhandlich in ihrer Verwendung.

5.3 Problem der Quantifizierung

[75] Vgl. Probst/Raub/Romhardt 2006, S. 55ff.
[76] Vgl. Bauer 2004, S. 17.
[77] Probst/Raub/Romhardt 2006, S. 56.
[78] Probst/Raub/Romhardt 2006, S. 56.

Die grundsätzliche Frage, wie operationalisierbar und quantifizierbar Wissensziele sind, schließt sich an die oben erwähnten Probleme an. Sowohl fehlende Sprache als auch fehlende Instrumente sind der Grund für unzureichend detaillierte Ziel-
formulierungen, die der Forderung nach einer umfassenden Quantifizierbarkeit selten
gerecht werden. Der Grundsatz „Was man nicht messen kann, kann man auch nicht
managen"[79] führt im Zusammenhang des Wissensmanagements nicht weiter. Ver-
besserungen hinsichtlich der Operationalisierbarkeit und Quantifizierung von Wissenszielen können nur gemacht werden, wenn man dem Wissensmanagement eine
gewisse Testphase zur Entwicklung seines eigenen Instrumentensets zugesteht.[80]

5.4 Phänomen der operativen Tätigkeit

Als eine zusätzliche Hürde bei der Formulierung von Wissenszielen und der
Umsetzung von Wissensmanagementmaßnahmen zeigt sich ein Phänomen, das
man als operative Trägheit bezeichnet. Für den Themenbereich des Wissensmanagements existieren keine konkreten Instrumente, die für jede Situation passen. Der
verhältnismäßig abstrakte Vorgang der Zielformulierung ist dabei für ein noch nicht
vollständig verstandenes Gebiet besonders problematisch. Deshalb müssen sich neu
entwickelte Instrumente erst durchsetzen.[81]

5.5 Einfluss des Machtaspekts

Nicht außer Acht zu lassen ist schlussendlich der Einfluss des Machtaspektes
auf die Formulierung von Wissenszielen. Insbesondere spezifische Wissensziele einzelner Mitarbeiter betreffen vielfach auch in gewissem Umfang das Machtverhältnis
zwischen Mitarbeiter und Organisation. Unternehmensinteressen sind hier nicht immer mit den Individualinteressen der betroffenen Mitarbeiter komplementär.[82] Im Zusammenhang mit den Aspekten Wissenserwerb, -entwicklung und -verteilung werden
wir diesen Aspekt noch genauer untersuchen.

---

[79] Probst/Raub/Romhardt 2006, S. 56.
[80] Vgl. Probst/Raub/Romhardt 2006, S. 56.
[81] Vgl. Bauer 2004, S. 18.
[82] Vgl. Bauer 2004, S. 18.

6 Wissensziele am Beispiel Forschungs- und Entwicklungsbereichs der Minnesota Mining and Manufacturing AG (3M)

Eine nähere Betrachtung der Wissenszielsetzung soll anhand des praktischen Beispiels in Form des weltweit agierenden Multitechnologie-Konzerns Minnesota Mining and Manufacturing (kurz: 3M) in diesem Kapitel erfolgen. Der Fokus liegt dabei auf der strategischen Relevanz von Wissenszielen. Demnach haben sich „Wissensziele im Sinne von bewussten Aussagen über zu bewahrende und aufzubauende Kompetenzen [...] als eine strategische Konstante in der Unternehmensentwicklung erwiesen"[83].

3M erzielte 2008 mit über 60.000 verschiedenen Produkten einen weltweiten Umsatz in Höhe von 25,3 Milliarden US Dollar[84]. Handelsmarken von 3M, wie beispielsweise Post-it™-Haftnotizen oder Scotch™-Klebebänder werden inzwischen fast synonym für die jeweiligen Produktkategorien verwendet und tragen in besonderem Maße zu Image und Ertragsstärke des Unternehmens bei.

3M gilt als ein von außergewöhnlicher Kreativität geprägtes Unternehmen. Alleine während des Geschäftsjahres 1994 ließ 3M insgesamt 543 Patente registrieren. Mehr als sechs Prozent des Umsatzes hatten seinen Ursprung aus Produkten, die im Laufe des Jahres entwickelt worden waren. Produkte, die nicht älter als vier Jahre waren, steuerten weitere 30 Prozent des Unternehmensumsatzes bei. Die Forschungs- und Entwicklungsausgaben von 3M beliefen sich auf sieben Prozent des Firmenumsatzes und waren damit doppelten so hoch wie der US-amerikanische Durchschnitts.[85]

Bei näherer Betrachtung ist zu erkennen, dass das Produktportfolio von 3M auf einer Palette von etwa 100 Basistechnologien beruht, auf deren Beherrschung sich der Erfolg der meisten Produkte zurückführen lässt. Systematische Weiterentwicklung der bestehenden Technologien sowie zielgerechte Produktinnovationen auf der Basis bereits beherrschter Technologien sichern den internen Zusammenhalt der Aktivitäten des Unternehmens.

Eine strategische Organisation des Forschungs- und Entwicklungsbereichs unterstützt die Kohärenz in der Unternehmensentwicklung. Divisionslaboratorien trei-

---

[83] Probst/Raub/Romhardt 2006, S. 40.
[84] Vgl. Minnesota Mining and Manufacturing 2009.
[85] Vgl. Economist 2005.

ben in den verschiedenen Geschäftsbereichen die konkrete Produktentwicklung voran. Währenddessen widmen sich zwei höhere Forschungsebenen der Grundlagenforschung sowie der Umsetzung in Verfahren und Basistechnologien.[86]

Die Kooperation zwischen diesen Ebenen hat die Grundlage, dass Produkte Divisionseigentum sind, (weiter)entwickelte Technologien aber stets dem ganzen Unternehmen gehören. Die bereichsübergreifende Definition von Wissenszielen wird damit ermöglicht.

Wissensziele sichern auch auf strategischer Ebene die Kohärenz und konsequente Weiterentwicklung von Fähigkeiten. In den Geschäftsbereichen werden diese Kompetenzen daraufhin durch unterschiedliche Verfahren in neue Produkte verwandelt. Vielfach kommt es dabei vor, dass neuartige Kombinationen der Basistechnologien zu innovative Anwendungen führen. So entstand unter anderem durch die Kompetenzen in den Bereichen Klebstoffe und Beschichtungstechnologie die Post-it™-Haftnotizen.

Wissensziele im Forschungs- und Entwicklungsbereich von 3M bedienen damit zwei Funktionen. Erstens sichern die Wissensziele die Entwicklung und Bewahrung zentraler Kompetenzen in Form umfassend beherrschter Basistechnologien. Zweitens „erleichtern sie eine weitgehend kohärente Unternehmensentwicklung dadurch, dass allen Divisionen der Zugriff auf diese Technologien gesichert bleibt"[87]. Firmeninterne Kompetenzen, die ihren Eingang in verschiedene Endprodukte finden, stellen damit den roten Faden in der Vielfalt der Produktpalette von 3M dar.

7 Fazit und Ausblick

Die im vorherigen Kapitel vorgenommene Darstellung der Wissensziele bei 3M hat insbesondere die strategische Perspektive von Wissenszielen in den Vordergrund gerückt. Dabei haben sich Wissensziele im Sinne von bewussten Aussagen über zu bewahrende und aufzubauende Kompetenzen in diesem Praxisbeispiel als eine strategische Konstante in der Unternehmensentwicklung erwiesen.[88] Der Effekt strategischer Ziele kann jedoch nur dann entfaltet werden, wenn zwei Bedingungen erfüllt sind. Einerseits müssen die Ziele in einen passenden Unternehmenskontext

---

[86] Vgl. Probst/Raub/Romhardt 2006, S. 39.
[87] Vgl. Probst/Raub/Romhardt 2006, S. 40.
[88] Vgl. Probst/Raub/Romhardt 2006, S. 35.

eingebettet und andererseits durch eine konsequente operative Zielübersetzung unterstützt werden.

Die vorliegende Arbeit sollte deutlich machen, dass es Aufgabe von Wissenszielen ist, den organisationalen Lernprozessen eine Richtung zu geben und den Erfolg bzw. Misserfolg von Wissensmanagement dadurch sichtbar zu machen. Sie stellen die wissensbezogene Übersetzung von Unternehmenszielen dar. Das Potenzial von Wissenszielen als praktisches Planungsinstrument im Unternehmen wird dabei bis heute vielfach nur ungenügend eingesetzt. Weiterhin wurde herausgearbeitet, dass Wissensziele im normativen, strategischen und operativen Bereich formuliert werden sollten. Normative Wissensziele übernehmen dabei die Funktion, die Rahmenbedingungen für eine innovative und wissensbewusste Unternehmenskultur zu setzen, wohingegen Wissensziele auf der strategischen Ebene das zukünftige Kompetenzportfolio von Unternehmen festlegen. Operative Wissensziele haben den Auftrag, normative und strategische Vorgaben in umsetzungs- und handlungsorientierte Teilziele aufzugliedern.

Im fünften Kapitel wurden eingehend mögliche Hindernisse bei der Definition von Wissenszielen vorgestellt. Dazu zählen das Fehlen einer gemeinsamen Wissenssprache, Probleme der Instrumentalisierung und Operationalisierbarkeit sowie Gewohnheits- und Machtaspekte. Für eine erfolgreiche Implementierung von Wissenszielen müssen sie jedoch vom Management gelebt werden, wenn sie das Verhalten von Mitarbeitern wirklich beeinflussen sollen.

Ein erheblicher symbolischer Einfluss auf die Wissenskultur in Unternehmen kann durch die Berufung eines Wissensverantwortlichen oder durch die Einrichtung eines Projektteams geschehen.[89] Die Top-Managementberatung McKinsey verfügt die Position eines Chief Knowledge Managers (CKO), der für die internen Prozesse der Wissensschaffung verantwortlich ist und als Mr. Inside des Wissensgeschäftes bezeichnet wird.[90] Der CKO wird damit zum professionellen Übersetzer mit der Aufgabe, bestehende Zielsysteme durch Wissensziele zu ergänzen und diese in Wissensziele zu überführen.

---

[89] Vgl. McKinsey & Company 2001.
[90] Vgl. Probst/Raub/Romhardt 2006, S. 45.

Literaturverzeichnis

Abts, D./Mülder, W. (1998): Grundkurs Wirtschaftsinformatik: eine kompakte und praxisorientierte Einführung, 2., überarb. Aufl., Braunschweig/Wiesbaden.

Albrecht, F. (1992): Strategisches Management der Unternehmensressource Wissen: inhaltliche Ansatzpunkte und Überlegungen zu einem konzeptionellen Gestaltungsrahmen, Berlin.

Andersen, A. (1995): The Knowledge-Management Assessment Tool, Prototype Version, released at the Knowledge Imperative Symposium, Houston, Texas.

Alex, B. (1998): Einsatzmöglichkeiten neuronaler Netze in Management-Informationssystemen: Grundlagen und Einsatzmöglichkeiten, Wiesbaden.

Alex, B./Becker, D./Stratmann, J. (2002): Ganzheitliches Wissensmanagement und wertorientierte Unternehmensführung.

Amelingmeyer, J. (2002): Wissensmanagement – Analyse und Gestaltung der Wissensbasis von Unternehmen, 2. Aufl., Wiesbaden.

Andersen, A. (1995): The Knowledge-Management Assessment Tool, Prototype Version, released at the Knowledge Imperative Symposium, Houston, Texas, September 1995, developed jointly by Arthur Andersen and The American Productivity and Quality Center.

Bauer, A. (2004): Evaluation von Wissensbewertungsmethoden für lernende Softwareorganisationen.

Bendt, A. (2000): Wissenstransfer in multinationalen Unternehmen, Wiesbaden.

BMW (1999): Wissensmanagement, in: Alex – Aktuelles Lexikon, BMW AG, München.

Bodendorf, F. (2006): Daten- und Wissensmanagement, Berlin.

Bullinger, H.-J./Wörner, K./Prieto, J. (1997): Wissensmanagement heute: Daten, Fakten, Trends, in: Unternehmensstudie Wissensmanagement, Kunden-Management-Centrum am Fraunhofer IAO, Stuttgart.

Davis, S./Botkin, J. (1994): The Coming of Knowledge-Based Business, in: Harvard Business Review, 72: 5, S. 165–170.

Economist (1995): And then there were two, 18.11.1995, S. 82–83.

Gehle, M. (2006): Internationales Wissensmanagement, Wiesbaden.

Gehle, M./Mulder, W. (2001): Wissensmanagement in der Praxis, Köln/Frechen.

Girmscheid, G. (2006): Strategisches Bauunternehmensmanagement: Prozessorientiertes integriertes Baumanagement für Unternehmen in der Bauwirtschaft, Berlin.

Hansen, H. R. (1996): Wirtschaftsinformatik I: Grundlagen betrieblicher Informationsverarbeitung, 7., völlig neubearb. u. stark erw. Aufl., Stuttgart.

Heilmann, H. (1999): Wissensmanagement – ein neues Paradigma?, in: Heilmann, Heidi (Hrsg.): Wissensmanagement, HMD-Praxis der Wirtschaftsinformatik, Heidelberg, Heft 208, S. 10f.

Hertz, D. B. (1988): The Expert Executive, New York.

Heskett J. L. et al. (1994): Dienstleister müssen die ganze Service-Gewinn-Kette nutzen, in: Harvard Business Manager, 16. Jg., Heft 04/1994, S. 50-61.

Jahn, M. (2003): Gruppenstrukturen und Gruppenprozesse als Einflussfaktoren auf die Bereitschaftsbarrieren zur Wissensteilung – Aktivierung und Förderung der intrakollektiven Wissens(ver)teilung im Rahmen einer wissensorientierten Unternehmensführung.

Jost, N./Realini, A./Zürcher, M. (2009): Wissensmanagement und Content Management (Verwaltung und Organisation von VK).

Kleinhans, A. M. (1989): Wissensverarbeitung im Management: Möglichkeiten und Grenzen wissensbasierter Managementunterstützungs-, Planungs- und Simulationssysteme, Frankfurt a. M.

McKinsey & Company (2001): Managing the knowledge manager, http://www.mckinseyquarterly.com/Managing_the_knowledge_manager_1075 (abgerufen am 02. Juli 2009).

Meyer, M. (1999): Wo ich bin, ist oben – Die Kunst sinnvoll mit sich selbst umzugehen, Zürich.

Minnesota Mining and Manufacturing (2009): Zahlen und Fakten 2008, http://solutions.3mdeutschland.de/wps/portal/3M/de_DE/about-3M/information/about/us/ (abgerufen am 30. Juni 2009).

Nonaka, I./Takeuchi, H. (1997): Die Organisation des Wissens – Wie japanische Unternehmen eine brachliegende Ressource nutzbar machen, Frankfurt am Main.

North, K. (1999): Wissensorientierte Unternehmensführung: Wertschöpfung durch Wissen, 2., aktualisierte u. erw. Aufl., Wiesbaden.

Oelsnitz, D. von der/Hahmann, M. (2003): Wissensmanagement - Strategie und Lernen in wissensbasierten Unternehmen, Stuttgart.

Probst, G./Raub, S./Romhardt, K. (2006): Wissen managen – Wie Unternehmen ihre wertvollste Ressource optimal nutzen, 5. überarbeitete Auflage, Wiesbaden.

Recklies, O. (2001): Strategische und operative Ebenen im Wissensmanagement.

Risterucci, L. C. (2001): Wissensziele vor dem Start, in Wissensmanagement (2001): Nr. 6, Jg. 3, S. 18-20.

Romhardt, K. (1998): Die Organisation aus der Wissensperspektive - Möglichkeiten und Grenzen der Intervention, Wiesbaden.

Schmiedel-Blumenthal, P. (2001): Entwicklung eines ganzheitlichen Wissensmanagements zur erfolgreichen Umsetzung von industriellen Innovationen: eine systemisch-evolutorische Perspektive, Lohmar/K6ln.

Schmitz, C./Zucker, B. (1996): Wissen gewinnt – Knowledge Flow Management, Düsseldorf.

Uhl, O. (1993): Innovations-Management bei 3M, in: Zeitschrift Führung und Organisation, 62: 4, S. 221–223.

BEI GRIN MACHT SICH IHR
WISSEN BEZAHLT

- Wir veröffentlichen Ihre Hausarbeit,
  Bachelor- und Masterarbeit

- Ihr eigenes eBook und Buch -
  weltweit in allen wichtigen Shops

- Verdienen Sie an jedem Verkauf

Jetzt bei www.GRIN.com hochladen
und kostenlos publizieren